LETTRE-CLOSE

SCÈNE EN VERS

DU MÊME AUTEUR :

Imprimerie générale de Châtillon-sur-Seine. — A. Pichat.

PIERRE TRIMOUILLAT

LETTRE-CLOSE

SCÈNE EN VERS

JOUÉE PAR

M. **LE BARGY**, de la Comédie-Française.

PARIS

TRESSE et STOCK, ÉDITEURS

8, 9, 10, 11, GALERIE DU THÉATRE-FRANÇAIS

PALAIS-ROYAL

—

1886

Droits de traduction et de reproduction réservés.

A

M. LÉON RICQUIER

PRÉSIDENT

DE LA SOCIÉTÉ DE LECTURE ET DE RÉCITATION

LETTRE-CLOSE

J'aime l'art, mais ne suis riche que d'espérance...
Or mon oncle, (un bourgeois d'espèce rare en France :
Il a pu s'enrichir sans devenir un sot)
Ayant su que j'ai pris loyalement d'assaut
Le cœur d'Emma sa fille, accepte de me prendre,
Moi pauvre artiste peintre inconnu, pour son gendre !
Grâce à lui, si je veux, dans six mois, je serai
Heureux, riche, célèbre, envié, décoré !...
Certes, voilà de quoi satisfaire un artiste...
— Hélas ! à ce tableau superbe une ombre existe.
J'adorais ma cousine — ange qu'un noir couvent
Cache depuis trois ans à tout être vivant —
Et solennellement sa main m'était promise,
Lorsqu'une lettre un soir de bal me fut remise :

Il cherche dans sa poche et déplie une lettre qu'il lit en tenant
toujours à la main celle qui est cachetée.

Il lit.

« Désirant s'assurer, avec raison, j'estime,
»Qu'en vous prenant pour maître on ne court nul danger,
» Emma qui, vous aimant ne saurait vous juger,
» Me charge de ce soin, moi son amie intime...

» Ainsi qu'elle pour vous j'ai la plus grande estime ;
» Mais sachant qu'en trois ans notre cœur peut changer,
» Sur divers points je tiens à vous interroger
» Pour qu'elle ne soit pas de quelqu'erreur victime ..

» Le bonheur de tous deux dépend — songez-y bien —
» De votre loyauté durant cet entretien.
» — Allez pendant le bal sous la grande charmille ;

» J'y serai — sous un voile épais mais non trompeur :
» Il ne vous cachera qu'une humble vieille fille
» Rien moins qu'ambitieuse et laide à faire peur...»

Il replie le papier et le met dans sa poche.

Je fus au rendez-vous de l'amie inconnue,
Et l'ayant presqu'une heure entière entretenue,
J'en revins — amoureux... De là vient mon tourment:
J'aime une femme affreuse !...

Elle, affreuse? Elle ment!

Sans doute pour me rendre à son charme insensible...
Laide, avec tant d'esprit, est-ce que c'est possible?
— Pourtant, lorsqu'une femme est jolie, à coup sûr
Son plus grand soin n'est pas de se cacher... Si sur
Ses traits celle-ci met un voile impénétrable,
C'est qu'elle est loin d'avoir un visage adorable !...

— La preuve, a-t-elle dit, c'est qu'ayant cependant
Vingt ans bientôt, j'attends le premier prétendant...

Avec amertume.

Etre pauvre suffit pour qu'on vous abandonne !
Si n'ayant pas vingt ans pour vieille elle se donne,
Quoique belle elle peut se croire un laideron.
— Peu de femmes se font pareille illusion :
La plus laide à trente ans se croit une merveille
Et veut n'être venue au monde que la veille.

Ayant obtenu d'elle un second rendez-vous,
Je lui dis mon secret. Ensuite à ses genoux,
Eperdu, je promis de tout quitter pour elle.

Non sans émotion — jouée ou naturelle —
Ne jurez pas, dit-elle : est-ce que je vous crois ?
Vos serments d'aujourd'hui valent ceux d'autrefois.
Vous vous croyez épris d'une femme qui, laide,
N'a rien dans votre esprit qui pour sa cause plaide —
Sauf l'attrait que sur l'homme a toujours l'inconnu ;
Mais quand de votre erreur vous serez revenu,
Vous conviendrez qu'Emma possède sans partage
Votre cœur.
             — Sans vouloir m'écouter davantage,
Elle me laissa seul. Je ne la revis point.
Pourtant, s'intéressant à son amie au point
De ne pouvoir souffrir que mon amour l'émeuve,
Elle voulut tenter une troisième épreuve.
Troisième rendez-vous secret, par conséquent,

Mais cette fois je fus tout à fait éloquent.
Je parvins à prouver que, trop long à décrire,
Mon amour était loin de mériter le rire...

Si bien que ce matin on m'a remis ce pli
Portant ce simple avis d'un style assez joli :

« Vous amoureux de moi ? Jamais. Vous croyez l'être.
» Réfléchissez. Soyez sûr. Puis ouvrez ma lettre
» Si vous m'aimez assez pour m'épouser. — Sinon
» Brûlez-la sans chercher à connaître mon nom...

Il tourne la lettre entre ses doigts.

C'est délicat... Je l'aime, à coup sûr ; mais j'avoue
Que j'hésite à briser le cachet... Je me voue
Au diable pour savoir quel parti prendre. Allons,
Plus d'hésitation !.. ouvrons. Pourquoi ces longs
Soupirs qui, brusquement, sortent de ma poitrine ?
Qu'a cet acte, si simple en soi, qui me chagrine ?
Ouvrons !

Hésitant.

Non. Pas encor. Je me sens oppressé.
Il me faut rompre avec un si charmant passé...
L'avenir qui pour moi doit être le ciel même,
Puisque mon inconnue a prouvé qu'elle m'aime,
En fait pâlir l'image ; il ne peut l'effacer !
Pauvre Emma, que jadis j'idolâtrais ! Penser
Que mes serments étaient d'inconscients mensonges !
Pourtant, qui me dira pourquoi si dans mes songes

J'en veux par la pensée esquisser le portrait,
C'est sous les traits d'Emma que l'autre m'apparaît.
Ah ! c'est que j'aime encor ma cousine !

                              Cher ange !
Est-ce bien de l'amour, ce sentiment étrange
Que j'épouve pour elle, alors que trois ans — plus —
Nous séparent du jour où nous nous sommes plu...
J'ai bien peur que la dot ici ne joue un rôle.
Comment n'as-tu pas vu cela plus tôt, mon drôle?
Non. Lorsque les cieux seuls pour témoins, tous les deux,
Certains soirs, nous lisions notre âme dans nos yeux,
Dans les miens l'innocente eût vu toute pensée
Etrangère à l'amour et s'en fût offensée !
A coup sûr je l'aimais.

                    Soit. Caprice d'enfant.
De cet amour précoce un autre est triomphant.
La passion que, pauvre, inspire une inconnue
Avant toute pour vraie a lieu d'être tenue.

D'ailleurs, quand je tiendrais encore à l'épouser,
Ma cousine, on pourrait maintenant supposer
Que je choisis la dot plutôt que la personne...
—Enfin—quel argument !—puisqu'elle me soupçonne
De l'aimer aujourd'hui moins que je n'en ai l'air,
C'est qu'elle m'aime moins—ou plus du tout... C'est clair.
Car nous jugeons le cœur d'autrui d'après le nôtre.
—J'en puis donc sans scrupule aucun choisir une autre
Qui m'aime et qui, n'ayant pas un sou, mettra son
Epouseur à l'abri de tout méchant soupçon.

Ai-je, après tout, besoin qu'une femme m'apporte
Une dot ? — La fortune est peut-être à ma porte.
J'ai du talent. Qui sait ? Le succès peut venir:
On prétend que je suis un garçon d'avenir.
— Sans que son génie ait rien d'extraordinaire
Un peintre est aujourd'hui bientôt millionnaire...
Quand je serai connu, mes tableaux se vendront
Au poids de l'or ! Et fier alors, vivant affront
Pour la critique, injuste et cruelle ennemie,
Il ne tiendra qu'à moi d'être à l'Académie...

— Ouvrons donc cette lettre afin de voir quelle est
Celle qui désormais — belle ou laide — me plaît...

Ma perte pour Emma ne sera pas mortelle...
On l'en consolera... Mais voyons, que dit-elle,
Cette lettre...

Il lit après avoir décacheté brusquement.

    « Cousin, je vous le disais bien
» Que vous n'aimiez qu'Emma...Pardonnez-lui son bien;
» Pardonnez-lui surtout sa longue comédie,
» Dont la trame au couvent fut avec soin ourdie. »

Eclatant.

Lui pardonner ! Je vais tomber à ses genoux !

Décidément, la femme est plus forte que nous....

FIN

TRESSE & STOCK, ÉDITEURS

Galerie du Théâtre-Français, 8 à 11, — Palais-Royal.

PARIS.

MONOLOGUES

IMPRIMERIE GÉNÉRALE DE CHATILLON-SUR-SEINE. — A. PICHAT.